Prahlhans und Geizkragen

Zu wenig Geld

Macht Geld glücklich?

Sparschwein, Bank und Taschengeld
Rund um unser Geld
SPIELEN & LERNEN
Band 22
Velber Verlag

Konzept und Text: Astrid Hille & Dina Schäfer
Illustrationen: Barbara Stachuletz
Layout: Anja Schmidt
Repro: Meyle+Müller, Pforzheim
Druck und Bindung: Himmer AG, Augsburg
ISBN 978-3-86613-572-7

www.velber.de

velber

SPIELEN & LERNEN

Sparschwein, Bank und Taschengeld

Rund um unser Geld

Astrid Hille und Dina Schäfer
Barbara Stachuletz

Chaos-Piraten im Kaufrausch

„Beeilt euch!“, ruft der Piratenkapitän Kaotikus. „Alle Mann antreten zum Supershopping-Tag!“
Gut gelaunt setzt sich die Schiffsmannschaft in Bewegung.

Die Schaufenster auf der Silberstraße quellen fast über vor Kleidung, Säbeln und Süßigkeiten.
„Herrlich“, sagt der Kapitän und verschwindet in einem Geschäft für Herrenbekleidung.

Er probiert eine knallrote Pluderhose mit grünem Rüschenhemd an, dazu silberne Schnallenschuhe. „So sieht ein Piratenkapitän aus", denkt Kaotikus. „Das muss ich haben, egal, was es kostet."

Steuermann Schluribur schaut sich im Laden nebenan nach Säbeln um. Wie soll man sich da bloß entscheiden? Die Wahl fällt ihm schwer, darum kauft er einfach die fünf schönsten.

Der Schiffspapagei ist beim Starfriseur gelandet, wo er im Schaufenster tolle Modefrisuren entdeckt hat. Er lässt sich die Schwanzfedern mit der neuen Glitzerfarbe rosa färben. Im Hutsalon kauft er sich noch den passenden rosa Hut. Und einen Flatterschal. Dem kann er einfach nicht widerstehen.

Und der Schiffskater? Der schlendert in der Fressgasse an den Feinkostständen vorbei und futtert sich durch die Delikatessen. Zum Nachtisch gibt es Torte im Café Sahnehäubchen.

Bei Sonnenuntergang treffen sich die vier wieder auf dem Piratenschiff. „Heiho!" Schluribur schwingt seine Säbel. „Pass auf!", schreit der Papagei. Beinahe hätte Schluribur die frisch gefärbten Schwanzfedern erwischt. Kapitän Kaotikus führt seine neuen Sachen vor. „Bin ich nicht schick?" Der Kater schüttelt den Kopf. Die rote Pluderhose ist viel zu kurz und die Rüschenbluse viel zu schrill. „Was gibt's eigentlich zum Abendessen?", fragt der Kater dann. Er hat schon wieder Hunger.

„Schluribur, geh einkaufen", befiehlt der Kapitän.

„Hab kein Gold mehr", brummt der und schwingt weiter die Säbel.

„Ich auch nicht", sagt der Kapitän und poliert seine neuen Schuhe.

„Alles ausgegeben“, murmelt der Papagei unter seinem riesigen Hut hervor.
„Einer muss doch Vorräte eingekauft haben“, beschwert sich der Kater. „Wasser, Schiffszwieback, Heringe.“
Alle schütteln betreten die Köpfe.
„Und du?“, fragt der Papagei. „Hast du in der Fressgasse etwas eingekauft oder nur auf Vorrat gefuttert?“
Der Kater guckt in die Luft und schweigt.
„Was sollen wir denn jetzt essen?“, fragt Schluribur. „Das nächste Schatzschiff kommt frühestens in zehn Tagen!“
„Oje! Bis dahin sind wir verhungert und verdurstet“, stottert der Papagei. „Jetzt müssen wir wohl arbeiten und Geld verdienen.“
Kapitän Kaotikus und Steuermann Schluribur schauen sich an. Arbeiten statt in der Hängematte schaukeln? Keine Lust – aber mit hungrigem Magen ist das Leben auch nicht gemütlich …

Und so helfen Kaotikus und Schluribur am nächsten Tag Kaufmann Schlitzohr Kisten schleppen.
Der Papagei passt auf die Kinder des Obsthändlers auf.

„Und was hast du gearbeitet?“, fragen sie den Kater, als sie am Abend mit ein paar Silberstücken zurückkommen.
„Ich passe ab sofort auf euer Geld auf“, sagt der Kater und sammelt die Silberstücke ein. „Denn man kann nicht mehr ausgeben, als man hat“, fügt er hinzu und zählt die Münzen. „Für Wasser und Brot reicht es aber.“
„Und für Rum?“, fragt Kaotikus.
Der Kater schüttelt den Kopf.
„Und morgen?“, fragt Schluribur.
„Morgen arbeitet ihr weiter und dann teile ich das Geld für jeden Tag ein, bis wir das Schatzschiff überfallen können.“
„Du teilst gar nichts ein“, sagt Kaotikus. „Ich habe dich zum Tellerwaschen im Café Sahnehäubchen angemeldet. Morgen früh um sieben Uhr geht's los.“

Gitta Edelmann

Geld verdienen – Geld ausgeben

Woher kommt Geld?

● Die Chaospiraten sind pleite. Sie haben das ganze Geld vom letzten Beutezug im Kaufrausch ausgegeben. Und kein Schatzschiff ist in Sicht. Um nicht zu verhungern, müssen sie jetzt an neues Geld kommen.

• Weißt du, woher in eurer Familie das Geld zum Einkaufen kommt? Schau dir dazu die Bildchen an.

Geld verdienen – Geld ausgeben

Wofür brauchen wir Geld?

● Nur ganz wenige Menschen gewinnen oder finden Geld. Die meisten gehen fünf Tage in der Woche arbeiten, um genug zum Leben zu verdienen.

• Du kannst mit Mama oder Papa überlegen, wofür ihr an einem Tag Geld braucht. Die Bilder helfen euch. Kostet es etwas, im warmen Bett zu schlafen? Oder Zähne zu putzen? Oder abends ein Buch zu lesen?

● Bau für den nächsten Tag Zehner-Türme aus Cent-Stücken. Immer wenn du etwas tust, was Geld kostet, nimmst du einen Cent weg und legst ihn in eine kleine Schachtel. Wie sieht dein Turm am Abend aus? Und wie viele Geldstücke liegen in der Schachtel?

SPORTCLUB
ABC

Markttag auf Moran

„Mika, du siehst furchtbar aus!“ Mama seufzt. „Hättest du nicht vor deiner Reise zum Friseur gehen können?“
Mika schüttelt den Kopf, dass seine langen, blonden Kringelhaare fliegen. „Ich mag meine Haare – und außerdem schau dir doch das Foto von Caran an!“
Mama seufzt wieder. Ja, Caran hat auch so lange Zottelhaare. Und die sind sogar grasgrün!
Caran ist Mikas Funkfreund vom Planeten Moran. Da findet man lange, grüne Haare wohl schön.
„Aber wenn du zurückkommst …“, murmelt Mama.
Mika hört nicht mehr zu. Er ist superaufgeregt. Endlich wird er den Planeten Moran sehen und Caran kennenlernen.

Nach zwei Flugtagen landet das Raumschiff auf Moran. Caran holt seinen Funkfreund mit einer kleinen Schwebkugel ab.
Mika staunt. Wie anders hier alles ist! Zwei kleine Sonnen strahlen vom hellgrünen Himmel. Und ringsherum auf

dem Boden wachsen Feuerwerkblumen, die funkelnde Lichter in die Luft sprühen.
„Bist du müde?“, fragt Caran.
Mika schüttelt den Kopf.
„Gut, heute ist nämlich Markttag“, sagt Caran. „Und ich muss noch ein paar Sachen besorgen. Hast du Lust mitzukommen?“
Na klar hat Mika Lust.
Der Marktplatz liegt auf einem Hügel.
Zwischen den Schwebeständen wimmelt es von Moranern.
Neugierig schaut Mika sie an.
Fast sehen sie aus wie die Leute auf seinem Heimatplaneten. Doch ihre Haare sind außergewöhnlich. Rot, grün, blau, lila oder rosa blinkend. Lang, halblang, kurz. Manche haben auch Haare auf dem Rücken.
Caran zieht Mika zu einem Stand.

„Meine Mutter hat morgen Geburtstag“, sagt Caran zu Mika. „Sie wünscht sich ein Glas mit Feuerwerkblumen. Willst du auch was kaufen?“
„Ich hab nicht genug Geld“, sagt Mika ein bisschen traurig, denn hier gibt es coole Sachen, die man zu Hause nicht bekommt. Schwebschuhe zum Beispiel und bunte, glitzernde Kuschelschals mit superlangen Fransen.
„Geld?“, fragt Caran. „Was ist das?“
Mika sieht ihn überrascht an. „Na, Geld eben. Zum Bezahlen. Münzen, Scheine.“
Er fischt eine kleine Münze aus der Hosentasche.
Caran schüttelt den Kopf. „Dafür kannst du hier nichts kaufen“, sagt er. „So ein Blech will kein Moraner!“
„Und womit bezahlt ihr?“, fragt Mika.
Caran grinst. „Das siehst du gleich.“
Er zeigt auf ein bläuliches Glas mit goldenen Feuerwerkblumen, und der Händler sagt: „Zwei Handbreit.“
Caran nickt und der Händler nimmt eine große Schere. Ratsch, schon sind Carans grüne Haare zwei Handbreit kürzer. Der Händler legt die Haare sorgfältig in eine Truhe und gibt Caran das Blumenglas.
Mika fallen fast die Augen aus dem Kopf. „Ihr bezahlt mit Haaren?“, fragt er.

„Klar“, sagt Caran. „Haare sind ja wertvoll. Man kann damit Stoffe weben, Teppiche knüpfen, Schmuck flechten. Außerdem brauchen Schwebkugeln Haare als Treibstoff – und schau mal dort, die schönen Haarpullover und die Schals!“
Die tollen Glitzerschals und die bunten Pullover sind alle aus Haaren gestrickt? Mika mag es kaum glauben.
„Dann kann ich auch mit meinen Haaren bezahlen?“, fragt Mika.
„Klar“, antwortet Caran und führt ihn weiter über den Markt.

Er kauft noch eine neue Antenne für den Sternenfunk und ein paar Kleinigkeiten. Danach sind seine Haare stoppelkurz. Mika sieht ihn zweifelnd an.
„Kein Problem“, erklärt Caran und lacht. „Morgen sammle ich Haarkräuter. Die wachsen oben auf dem Berg. Kaufen kann man die nicht. Man muss sie gleich nach dem Pflücken essen und ganz klein kauen. Dann wachsen die Haare schnell wieder nach.“
Mika schaut hinüber zum Berg. Der sieht ziemlich steil aus. Das Haarkräutersammeln ist sicher anstrengend.
„Der junge Herr interessiert sich für die Sternenfunk-Anlage? Funken mit Bild?“, fragt der Händler Mika, als Caran seine Antenne bezahlt hat.
Boah, das wäre cool, wenn er mit Caran bildfunken könnte! Aber ob sein Geld, äh, seine Haare dafür reichen? Diese Anlagen sind doch sicher furchtbar teuer!

Der Händler betrachtet Mikas Haare. „Schöne Farbe“, sagt er. „Außergewöhnlich.“ Stimmt. Blonde Kringelhaare hat Mika auf Moran noch nicht gesehen.
Ein paar Minuten später ist Mika stolzer Besitzer einer Sternenfunk-Bild-Anlage. Und seine Haare sind streichholzkurz.
Da wird sich Mama freuen, wenn er zurückkommt!
Aber dann muss er die Haare gleich wieder wachsen lassen. Für den nächsten Markttag auf Moran!
Vielleicht gibt es die Haarwachskräuter ja auch auf seinem Heimatplaneten.

Gitta Edelmann

Warum gibt es Geld?

Auf dem Tauschmarkt

● Auf Moran bezahlen die Außerirdischen nicht mit Geld, sondern mit ihren Haaren. Die tauschen sie ein gegen das, was sie gern haben möchten.

• Auch bei uns auf der Erde gab es nicht immer Geld. In früheren Zeiten tauschten die Menschen Getreide und Obst gegen Kleidung, Töpfe und Werkzeug. Oder auch Kaninchen gegen ein Pferd.

● Heute ist großer Tauschmarkt in einem Dorf. Bauern und Handwerker sind gekommen und bieten ihre Waren zum Tausch an.

• Auch Julius hat etwas zum Tauschen mitgebracht: eine Ziege, eine Axt, zwei Brote, zehn Eier. Julius braucht ein bisschen Obst, Honig und Kartoffeln, Hühner und Töpfe. Was könnte er den Händlern für seine Wünsche anbieten?

• Julius trifft Anna. Sie hat Schmuck, Felljacken und Pfeile hergestellt. Was könnte sie dafür in ihrem Korb mit nach Hause bringen?

Du kannst mit Freunden Tauschmarkt spielen: Nehmt Spielsachen und baut euch Verkaufsstände auf. Dann versucht ihr, gerecht zu tauschen.

Gold und Geld

● Irgendwann wurde es den Menschen zu umständlich, immer mit Eiern, Schweinen, Töpfen und Kannen einkaufen zu gehen.
• Sie haben kostbares Metall zu Ringen, Stäben oder Barren geformt. Beim Bezahlen wurde das Metall gewogen. Wenn es zu viel war, wurde ein Stück abgehackt und man bekam es zurück.

● Vor 2500 Jahren tauchten die ersten Münzen auf. Sie wurden aus geschmolzenem Gold und Silber hergestellt. Mit einem Prägestempel klopfte man oben und unten ein Bild auf.

● Auch Euromünzen haben Bilder. Die wurden von Künstlern entworfen und maschinell mit einem Stempel geprägt.

● Du kannst eigene Münzen aus Salzteig entwerfen.

- Du brauchst eine Tasse Mehl, eine Tasse Salz und zehn Esslöffel Wasser.
- Die Zutaten in einer Schüssel vermengen, kneten und flach ausrollen.
- Jetzt kannst du mit verschieden großen Deckeln und Gläsern Münzen ausstechen und mit kleinen Gegenständen Muster prägen: zum Beispiel mit Bausteinchen, Filzstiftdeckeln oder Füßen von Plastikfiguren.
- Dann bäckst du die Münzen im Backofen bei 150 Grad etwa 30 bis 45 Minuten.
- Wenn sie abgekühlt sind, kannst du sie mit Tusche bemalen und mit farblosem Nagellack lackieren.

● Münzenschleppen war bei großen Geldbeträgen mühsam. Darum erfanden die Menschen Papiergeld.

- Damit man Papiergeld nicht selbst drucken kann, haben die Scheine Sicherheitszeichen: Im Papier ist ein Wasserzeichen und ein Faden aus Metall. Linien und Farben sind schwer nachzumachen. Außerdem hat jeder Geldschein eine eigene Nummer.
- Schau verschiedene Euro-Geldscheine an. Am besten hältst du sie gegen das Licht. Findest du Silberfäden und Wasserzeichen? Wo steht eine Nummer? Was erkennst du noch?

1000 Wünsche und 2 Euro

„Boh!“, sagt Simon, als seine Mutter ihm das Zwei-Euro-Stück in die Hand drückt. Sein erstes Taschengeld! So fühlt es sich also an. Simon strahlt über das ganze Gesicht. Er bewegt die glänzende Münze in der Hand hin und her. Was er damit alles anfangen könnte. Tausend Sachen! „Wir müssen sofort zum Spielzeugladen fahren!“, ruft er begeistert.

Zum Glück wollte seine Mutter sowieso gerade einkaufen. Zehn Minuten später schließen sie die Räder vor dem Spielwarengeschäft ab. Simon stürmt hinein. Direkt zum Regal mit den Modellfliegern. Zielsicher greift er nach der Packung mit dem Turbo-Düsenflitzer 3000. Den wollte er immer schon haben. Mit leuchtenden Augen betrachtet er die silbernen Düsen, die geschwungenen Tragflächen, das moderne Cockpit. Dann fällt sein Blick auf das Preisschild: 5,60 Euro. Mist!

Dafür reicht Simons Geld nicht aus. Enttäuscht stellt er den Flieger zurück und geht weiter.
Wie wäre es stattdessen mit einem spitzzahnigen Gummidino? Der fehlt in seiner Urzeitsammlung noch. Oder er nimmt den roten Rennwagen. Der hat Flammen auf dem Dach und kostet genau zwei Euro. Simon kann sich nicht entscheiden. Er schlendert den Gang entlang. Dieser Ritter mit Lanze wäre auch nicht schlecht. Oder soll er das Delfinpuzzle nehmen? Das Quartett? Den Zauberstift?
Eigentlich könnte Simon alles gut gebrauchen. Aber er hat ja nur zwei Euro.
„Bist du bald fertig?“, fragt seine Mutter.

„Hmmm“, brummt Simon. Wenn man nur eine Sache auswählen kann, muss es natürlich die richtige sein. „Ich weiß nicht“, seufzt er. Mit einem Mal fühlt er sich gar nicht mehr so glücklich. Entscheiden ist superschwer.

„Was hättest du denn am allerliebsten?“, fragt seine Mutter, um ihm zu helfen.
Da geht Simon zu den Modellfliegern zurück. „Am allerliebsten hätte ich den da. Aber der kostet zu viel.“ Er deutet auf den Turbo-Düsenflitzer 3000.
„Wie wäre es, wenn du dein Geld dafür sparst?“, schlägt seine Mutter vor. „In drei Wochen hättest du genug zusammen.“
Simon seufzt. „Dann hab ich aber jetzt nichts“, sagt er enttäuscht. Lieber würde er sofort etwas kaufen. Und nicht noch drei Wochen warten.
„Eine Kleinigkeit könntest du dir doch aussuchen“, meint seine Mutter. „Wie wäre es zum Beispiel damit?“ Sie zeigt auf die Mini-Spielfiguren, die neben den Fliegern aufgereiht stehen.
Simon überlegt kurz. Dann lächelt er und wählt einen Piloten mit blauem Stahlhelm aus. Der passt perfekt ins coole Cockpit seines Düsenflitzers.

Als Simon an der Kasse bezahlt, bekommt er 1,70 Euro Wechselgeld zurück.
„Für den Flieger“, sagt er stolz. Die Münzen steckt er in seinen Geldbeutel.
Dann will er schnell nach Hause. Gleich beginnt nämlich das Flugtraining. Sein neuer Pilot muss noch eine Menge üben, damit er in drei Wochen fit ist. Fit für den Turbo-Düsenflitzer 3000.

Sabine Stehr

Sparst du was?

Simon bekommt das erste Mal Taschengeld. Doch der Flieger, den er sich kaufen möchte, kostet mehr. Simon muss drei Wochen lang sein Taschengeld sparen, bis er sich den Düsenflitzer leisten kann.

- Bekommst du auch Taschengeld? Oder verdienst du dir Geld, weil du jemandem hilfst?
- Gibst du dein Geld gleich aus oder sparst du es in einer Spardose?

Bestimmt hast du viele Wünsche. Male sie auf ein Blatt Papier.

- Dann nimmst du Münzen, legst sie unter ein Papier und schraffierst mit einem Bleistift darüber.
- Schneide deine Papiermünzen aus und klebe sie zu deinen Wünschen: Wenn dein Wunschdino oder Traumauto 4 Euro und 50 Cent kostet, klebst du so viele Papiermünzen dahinter. Nun weißt du genau, wie viel du sparen musst, um dir deinen Wunsch zu erfüllen.
- Immer wenn du Geld bekommst und etwas für deine Wünsche sparst, kannst du jetzt Münzen abstreichen.

Auf der Bank

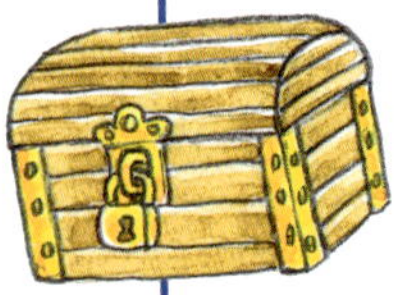

- Wo kann man Geld sparen? Siehst du es auf den Bildern hier oben?

• Viele Menschen sparen ihr Geld auf einer Bank. Sie bringen ihr Geld an den Schalter und der Bankangestellte trägt den Betrag in ein Sparbuch ein oder zahlt es auf ein Konto ein.

- Banken und Sparkassen arbeiten mit Geld: Sie verleihen es an Leute, die Geld brauchen, weil sie zum Beispiel eine Waschmaschine oder ein Auto kaufen wollen. Man sagt: Die Bank gibt ihnen Kredit.

• Wer Kredit bekommt, muss dafür Leihgebühren bezahlen. Die heißen Zinsen. Einen Teil der Zinsen behält die Bank, einen kleinen Teil erhalten die Sparer. So wird das Geld auf dem Sparbuch immer ein bisschen mehr.

Manche Leute haben im Geldbeutel gar kein echtes Geld, sondern Kreditkarten: Geldkarten aus Plastik. Damit können sie auch bezahlen. Im Geschäft wird die Karte in ein Lesegerät geschoben und man gibt eine Geheimnummer ein oder unterschreibt. Dann wird das Geld direkt vom Konto abgebucht. Mit Kreditkarten kann man auch Geldscheine aus einem Bankautomaten holen, wenn Geld auf dem Konto ist.

Du kannst mit Freunden eine Bank eröffnen. Wie könnte sie heißen? Mäuse-, Piepen- oder Knetebank?

- Ihr braucht Geld, selbst gemaltes oder aus einem Monopoly-Spiel, eine Schachtel als Kasse, weißes und rotes Papier für ein Sparbuch, vielleicht noch ein Sparschwein und einen Stempel. Fragt eure Eltern, ob sie alte Kreditkarten haben, sonst nehmt ihr Spielkarten.
- Jetzt richtet ihr euren Bankschalter ein.
- Kunden kommen, die Geld einzahlen oder abheben wollen.
- Einer möchte sich Geld leihen. Ihr wollt genau wissen, wofür. Er bekommt es nur, wenn er es auch zurückzahlen kann: Hat er Arbeit und verdient er Geld? Kann er noch etwas dazuverdienen?
- Ein Kind kommt mit seinem Sparschwein und möchte, dass ihr das Geld zählt und ins Sparbuch eintragt.
- Gibt es bei euch auch einen Geldautomaten? Ihr könnt ihn aus einem alten Karton bauen.

Was ist am Geldautomaten los?

Kralle, Bolle und die Kröten

In einer Vollmondnacht schleicht Kralle aus dem Räuberhaus, läuft zur hohlen Eiche und zerrt einen dicken Sack hervor – prall gefüllt mit Geldstücken. „Geschafft!“, schnauft er und leert den Sack aus. Da liegen die Münzen und glitzern im Mondlicht. Kralle wühlt in dem Berg von Geld. „Fühlt sich gut an“, sagt er und fängt an zu zählen und zu stapeln. „Genau 500 Mäuse“, grunzt er zufrieden. „Die kommen alle wieder zurück in den Sack, keinen Cent davon geb ich her. Also Sack zu und am besten ein neues Versteck suchen.“

Kralle hat auch schon eine Idee. Der Misthaufen hinterm Räuberhaus. Da geht keiner hin. – Aber der Gestank! Besser im Heu verstecken. – Und wenn die Mäuse Löcher in den Sack nagen? Lieber im Kartoffelacker vergraben. – Oder wo ganz anders? Völlig erschöpft kommt Kralle schließlich nach Hause und fällt ins Bett.

Es ist bereits Mittag, als Bolle hereinstürmt und seinem schlafenden Bruder einen kräftigen Tritt verpasst. „He, du Faulsack, steh endlich auf!“

„Wie siehst du denn aus?“, brummt Kralle verschlafen.
„Da glotzt du, was? Neueste Mode. Wenn das unsere Kumpels sehen! Räuberhut mit Beleuchtung und Stiefel mit Blinklicht.“
„Du Riesentrottel! Damit funkelst du ja wie ein Weihnachtsbaum. Und beim nächsten Raubzug sieht man dich schon aus 100 Kilometern Entfernung.“
Kralle regt sich auf. „Den Zaster so zum Fenster rausschmeißen. Wer weiß, wann wir wieder ’ne fette Beute machen?“
„Ich bin halt nicht so ein Geizkragen wie du“, grunzt Bolle, „der mies gelaunt auf seinen Moneten hockt, in löchrigen Sachen rumläuft und sich nicht mal sonntags ’nen Braten gönnt.“
Kralle fährt ihn wütend an: „Angeber! Geldrausschmeißer! Eines Tages bist du arm wie ’ne Kirchenmaus. Aber von mir kriegst du dann keine Piepen!“
„Deinen Zaster kannst du behalten!“, schreit Bolle und knallt die Tür hinter sich zu.

Als Bolle wieder zurückkommt, wirft er einen Zettel auf den Küchentisch. „Einladung zur großen Räuberfete. Morgen. Da sind wir dabei, todsicher!“
„Von wegen“, sagt Kralle. „Hier steht: Eintritt zwanzig Kröten pro Nase.“
„Na und?“ Bolle kramt in sämtlichen Taschen, findet aber keine einzige Münze mehr. „Oh, alles weg! Dann musst du mich wohl einladen.“
„Fällt mir nicht im Traum ein“, sagt Kralle.
„Mensch, Brüderchen, lass uns da doch hingehen“, schmeichelt Bolle.

„Auf dem Fest gibt's Wildschweinbraten, Schinken, Bratwürste, Gänsebrust und weiß der Teufel was. Da kannst du dich richtig sattessen. Du mit deinen ewigen Haferflocken und Maiskörnern. Bist ja schon ganz rappeldürr."
Kralle schaut an sich herunter und seufzt. „Aber das schöne Geld!"
Doch Wildschweinbraten und Gänsebrust hat er schon seit Jahren nicht mehr gegessen. Und weil ihm das Wasser im Mund zusammenläuft, brummt er: „Aber nur ausnahmsweise!"
Plötzlich fangen seine Ohren an zu glühen. Wo hat er eigentlich den Sack versteckt? – „Ich weiß nicht mehr, wo mein Geld ist!", ruft er entsetzt.
„Komm mir nicht mit faulen Ausreden!", droht Bolle.
„Wirklich. Großes Räuberehrenwort!", jammert Kralle.
„Das hast du davon, du Geizkragen! Dein Gehirn ist schon geschrumpft, weil du nichts Gescheites mehr isst!", brüllt Bolle wütend.
Kralle fällt das Geldversteck einfach nicht mehr ein. Und so sitzen die Räuberbrüder am nächsten Abend vor ihrem Haus und brüten stumm vor sich hin.
Ab und zu weht ein himmlischer Duft von Wildschweinbraten durch den Wald.
Dann seufzen die beiden abgrundtief.
„Irgendetwas machen wir falsch mit der Kohle", sagt Bolle. „Aber was?"

Christa Kempter

Prahlhans und Geizkragen

● Kralle und Bolle können nicht mit Geld umgehen: Der eine ist furchtbar geizig, mag nichts abgegeben und versteckt sogar sein Geld. Der andere schmeißt mit Geld um sich.

• Hilf den beiden: An wie vielen Stellen in der Räuberküche kannst du Geld entdecken?

Lösung: An fünf Stellen liegen Scheine herum, an sieben Stellen Münzen.

Rate-Reime rund ums Geld

● Kralle und Bolle kennen viele komische Wörter für Geld.

- Welche fallen dir ein?
- Kannst du die Wörter in den Reimen ergänzen?

Auf unserem Planeten
regieren die M _ _ _ _ _ _.

Mit der neuen Reuse
fängt der Fischer M _ _ _ _.

Alle Lose sind nur Nieten,
rausgeschmissen sind die P _ _ _ _ _.

Hinter Bolles Rücken
zählt Kralle seine M _ _ _ _ _.

An der Räubersohle
klebt die dicke K _ _ _ _.

In seiner bunten Tasche
spart der Clown die A _ _ _ _.

In Bolles Hos'
steckt ganz viel M _ _ _.

Wohin geh'n sie flöten,
alle meine K _ _ _ _ _?

Alina, Sara und viele Ideen

„Was ist denn los?“, fragt Alina beim Essen. Den ganzen Tag hat Mama schon diese Sorgenfalte auf der Stirn.
„In Papas Firma läuft es nicht so gut“, sagt Mama. „Deshalb wird Papa Kurzarbeit machen und weniger verdienen.“
„Dann ist er häufiger zu Hause. Das ist doch schön!“, meint Alina.
„Aber er verdient dann weniger Geld.“
Mama seufzt. „Da müssen wir uns ganz schön einschränken.“
Alina bekommt ein bisschen Angst.

Was bedeutet das? Müssen sie in eine kleinere Wohnung ziehen? Reicht das Geld noch, um Essen zu kaufen?
Ganz so schlimm ist es nicht. Mama beruhigt sie. „Trotzdem müssen wir genau auf unsere Ausgaben achten und das Auto öfter stehen lassen. Benzin ist teuer.“
Alina findet das nicht schlimm. Auch nicht die Sache mit dem Einkaufen. Sie darf halt nicht alles in den Wagen legen, worauf sie gerade Lust hat. Aber auf Comic-Hefte und Kaubonbons verzichtet Alina gerne. Hauptsache, Mama kann wieder lächeln.
„Eine Weile muss sogar dein Tanzunterricht ausfallen“, sagt Mama.
Macht nichts, denkt Alina. Eigentlich hüpft sie gar nicht so gerne im Tütü herum. Viel lieber spielt sie Fußball. Doch was ist mit dem Ausflug am nächsten Wochenende? Sie will mit ihrer Freundin Sara in den neuen Abenteuerpark. Die beiden freuen sich riesig. Aber Alina mag jetzt nicht fragen.

Mama hat schon genug andere Sorgen.
Bedrückt geht Alina in ihr Zimmer.
Bestimmt reicht das Geld nicht für den Park. Was wird Sara sagen?
Alina hat Bauchweh, und ihr Kopf hämmert. Vom vielen Nachdenken.

Als Sara am Nachmittag zu Besuch kommt, hat Alina einen Kloß im Hals.
Wie soll sie es ihrer Freundin erklären?
Außerdem ist Sara heute ganz anders als sonst, irgendwie schlecht gelaunt.
Alina verlässt der Mut.
Plötzlich steigen ihr Tränen in die Augen.
„Was ist?“, fragt Sara erschrocken.
Schluchzend erzählt Alina der Freundin die ganze Sache.
„Bist du jetzt sauer?“, fragt Alina dann leise.
„Quatsch“, murmelt Sara. „Ich – ähm – ich wollte dir nämlich gerade erzählen, dass ich auch nicht mit kann!“

Alina bekommt große Augen vor Verwunderung.
Das Auto von Saras Mutter ist kaputt. Jetzt braucht sie ein neues. Das ist so teuer, dass der Ausflug gestrichen werden muss. Echt blöd!
Die beiden Mädchen schauen sich an und wissen nicht, was sie tun sollen. Sich ärgern? Traurig sein? Vielleicht auch ein bisschen lachen? Ratlos legen sie sich aufs Bett.
Können sie nicht etwas Schönes unternehmen, was nur wenig Geld kostet? Schlauchboot fahren, Fußball spielen, eine Nachtwanderung oder eine Pyjamaparty machen?
Ihnen fällt alles Mögliche ein. Und plötzlich haben sie eine Superidee. Aufgeregt stürmen sie zu Alinas Mutter. „Am Wochenende machen wir einen Indianertag!“, rufen sie.

„Wir reiten alle zusammen auf den Drahteseln zum Baggersee, stellen unsere Tipis auf und gehen schwimmen. Und am Abend machen wir ein Lagerfeuer mit Stockbrot.“
Alinas Mutter findet den Plan richtig gut. „Vielleicht können wir ja auch in den Zelten übernachten“, schlägt sie vor.
Da jubeln Alina und Sara. Mit Indianergeheul stürmen sie in den Keller und schleppen die Tipizelte hoch. Sie freuen sich auf ein aufregendes Indianerwochenende.
„Fast ohne Geld“, sagt Alina.
„Und ganz ohne Auto“, sagt Sara.

Sabine Stehr

Zu wenig Geld

Sparen müssen?

● Alinas Papa verdient jetzt weniger Geld. Und Saras Mama muss für ein neues Auto sparen.

• Viele Familien müssen sparen. Kannst du dir vorstellen, warum? Schau dir dazu die Bilder an.

Der Vater oder die Mutter ist lange krank.

Die Wohnung ist zu klein für die Familie.

Der Vater oder die Mutter ist arbeitslos geworden.

Die Eltern verdienen im Beruf nicht genug Geld, um alles zu bezahlen, was die Familie braucht.

Die Eltern sind getrennt und leben in verschiedenen Wohnungen.

• Fallen dir noch andere Gründe ein, warum manche Familien nicht genügend Geld haben?

Zu wenig Geld

Was ist wirklich wichtig?

● Wenn man keine Arbeit mehr hat oder lange krank ist, hilft der Staat. Man bekommt Geld, um die allerwichtigsten Dinge zu kaufen, die man zum Leben braucht.

• Was könnte das sein? Schau die Bilder an. Lege Plättchen zu den Dingen, die du unbedingt brauchst.

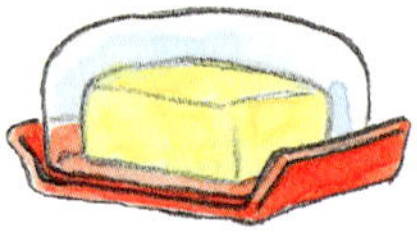

● Alina und Sara hat es viel Spaß gemacht, sich das Fast-ohne-Geld-Wochenende auszudenken.
Sie überlegen sich noch mehr Fast-ohne-Geld-Sachen.
Nächste Woche haben ihre Freunde Tom und Anna Geburtstag. Die sind Zwillinge. Was könnten sie den beiden schenken, ohne dass es viel kostet?
Sie haben viele Ideen:

- Zwei Kuchen backen und mit Zuckerguss besonders verzieren …
- Zwei Blumentöpfe lustig bemalen und Pflanzenableger einsetzen …
- Pinnwände aus Pappkarton mit Bildern aus Zeitschriften bekleben, und bunte Heftzwecken dazustecken …
- Schöne alte Postkarten in Puzzlestücke schneiden und in ein bunt bemaltes Schächtelchen legen …

● Fallen dir auch Fast-ohne-Geld-Geschenke ein?

START

Du bist Kellner und servierst allen Mitspielern Getränke. Jeder zahlt dir 5 Euro.

Dein Fahrrad ist kaputt. Reparaturkosten: 5 Euro an die Bank.

Eintritt ins Schwimmbad: Zahle 5 Euro an die Bank.

Geldspiel

- Für dieses Spiel braucht ihr Spielfiguren, Würfel und Spielgeld:
  - Jeder Spieler erhält 10 Fünferscheine und 10 Zehnerscheine.
  - In ein Kästchen legt ihr 20 Zehner und 20 Fünfer. Das ist die Bank.
- Wer eine 1 oder 6 würfelt, darf auf das Startfeld.
- Würfelt der Reihe nach und geht über die Felder. Hier steht, ob ihr Geld erhaltet oder zahlen müsst.
  - Wer kein Geld mehr hat, darf bei der Bank etwas leihen, muss es aber am Ende zurückzahlen und 5 Euro Zinsen drauflegen.
  - Nach 4 Spielrunden zählt jeder sein Geld. Wer am meisten hat, ist der Gewinner.

Du bist Sänger und singst für alle ein Lied. Jeder zahlt dir 5 Euro.

Taschengeld: Du bekommst 5 Euro von der Bank.

Du bist Architekt und malst ein Haus für den Spieler links. Er zahlt dir 10 Euro.

Besuch bei Oma: Zahle für die Fahrkarte 5 Euro an die Bank.

Du bist Friseur und kämmst dem Spieler rechts neben dir die Haare. Er zahlt dir 5 Euro.

Beitrag für den Sportverein: Zahle 10 Euro an die Bank und mache 20 Kniebeugen.

Du erbst 10 Euro. Die Bank zahlt es dir aus.

Eintritt in den Zoo: Zahle 10 Euro an die Bank.

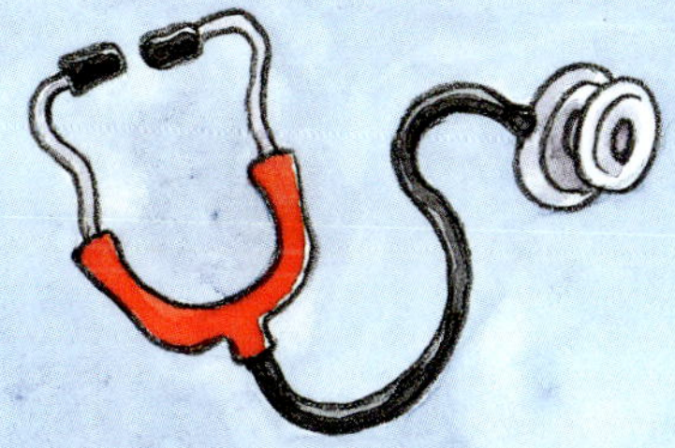

Du bist Arzt. Du fühlst dem jüngsten Spieler den Puls und schaust ihm in den Hals. Er zahlt dir 10 Euro.

Du bist Fitnesstrainer. Denk dir drei Übungen aus, alle machen mit und jeder zahlt dir 5 Euro.

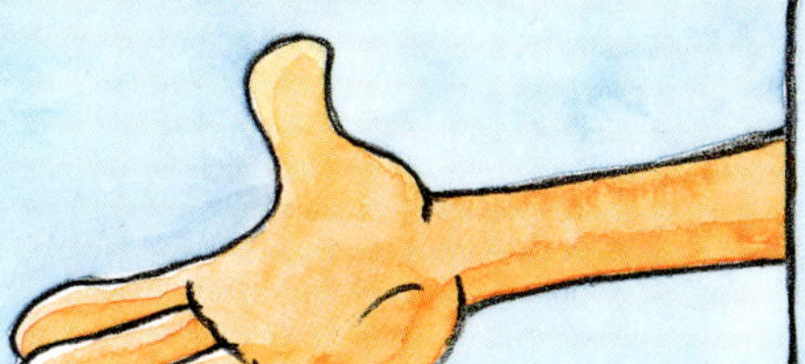

Du spendest für Kinder in Not. Zahle 10 Euro an die Bank

Ein Lottogewinn! Du erhältst 10 Euro von der Bank.

Hanna im Glück

„Und?“, fragt Frau Weiß ungeduldig. „Wer spielt denn nun den Hans?“ Frau Weiß ist die Leiterin des Kindertheaters und heute werden die Rollen für das neue Stück verteilt: Hans im Glück.

„Robin, wie wäre es mit dir?“, fragt Frau Weiß.

Robin schüttelt den Kopf.

„Aber du wolltest doch beim letzten Mal schon die Hauptrolle spielen“, sagt Frau Weiß.
„Der Hans ist doof!“, antwortet Robin.
Einige andere Kinder nicken.
„Doof?“, fragt Frau Weiß überrascht.
„Der tauscht sein Gold gegen ein Pferd, dabei ist Gold viel wertvoller.“
„Und das Pferd gegen eine Kuh und dann die Kuh gegen ein Schwein“, sagt Max.
„Und das Schwein gegen eine Gans“, sagt Robin. „Das geht ja alles noch, aber die Gans gegen zwei blöde Steine tauschen, mit denen er gar nichts anfangen kann …“ Er schüttelt den Kopf.
Frau Weiß seufzt.
„Dann fallen die Steine ins Wasser und er hat gar nichts mehr“, meint Jan.
„Echt doof!“
„Aber er ist doch glücklich!“, sagt Hanna leise. „Das Gold war so schwer und das Pferd hat ihn abgeworfen. Darüber hat er sich bestimmt nicht gefreut.“
Frau Weiß betrachtet Hanna nachdenklich. „Vielleicht willst du ja den Hans spielen?“, fragt sie.
Hanna sieht Frau Weiß erschrocken an.
„Ich?“, fragt sie. „Aber ich hab noch nie eine Hauptrolle gespielt. Und außerdem bin ich ein Mädchen.“
„Na und?“, sagt Mia. „Wenn du das hier aufsetzt, siehst du aus wie ein richtiger Hans im Glück!“ Sie stülpt Hanna eine braune Kappe auf den Kopf und grinst.

Hanna nickt zögernd.
„Na, dann können wir ja anfangen“, sagt Frau Weiß erleichtert.

Die Proben für das Theaterstück machen Spaß. Robin spielt den Metzger mit dem Schwein und sieht wie ein richtig fieser Betrüger aus.
Und Hanna kann ihren Text schnell auswendig.
Frau Weiß ist sehr zufrieden. Nur manchmal scheint ihr, als ob Hanna mit den Gedanken ganz woanders ist …

Am Tag der Aufführung sind alle furchtbar aufgeregt.
„Wo bleibt Hanna?“, fragt Frau Weiß nervös. „Sie ist doch sonst immer pünktlich.“
Heute kommt Hanna als Allerletzte. Ihr Gesicht ist vom Rennen ganz rot, aber ihre Augen leuchten.
„Opa ist da!“, ruft sie.

„Meiner auch“, sagt Robin. „Ist ja wohl nichts Besonderes!“
„Bei Hanna schon!“, erklärt Mia. „Ihr Opa war ganz lange im Krankenhaus. Und jetzt ist er endlich wieder gesund.“
Hanna strahlt. „Das ist doch viel toller als ein Klumpen Gold, oder?“, sagt sie. „Jetzt weiß ich, wie Hans sich fühlt. Richtig glücklich und ganz leicht.“
Sie setzt ihre Kappe auf und hüpft auf die Bühne.
Frau Weiß kündigt das Märchen an:
„Liebes Publikum, heute präsentieren wir im Kindertheater das Märchen Hanna im Glück, äh … Entschuldigung, Hans im Glück!“

Gitta Edelmann

Macht Geld glücklich?

Glückswege

- Hanna versteht den Hans im Glück gut. Man braucht kein Gold, um sich glücklich zu fühlen.
- Hier sind ein paar Leute auf der Suche nach ihrem Glück. Welches Glück suchen sie?
- Du kannst Glückswege für dich und deine Freunde malen.

Ein neuer Hans im Glück?

Robin findet den Hans doof. Denn der tauscht sein Gold gegen ein Pferd, das Pferd gegen eine Kuh und dann die Kuh auch noch gegen ein Schwein und am Schluss hat er zwei blöde Steine.

Robin würde das Märchen von Hans im Glück und seinem Goldklumpen ganz anders erzählen. Die Bilder verraten dir seine Geschichte.

- Wie geht's wohl weiter? Tauscht Hans seinen Park gegen die Rakete ein, fliegt zum Mond und sieht etwas noch Tolleres?
- Ist Robins Hans ein Hans im Glück?
- Wie würdest du deine Geschichte von „Hans im Glück" erzählen?

In der „SPiELEN & LERNEN"-Förderreihe sind bereits folgende Titel erschienen:

So bin ich – Einmalig, selbstbewusst und stark

ISBN 978-3-86613-244-3

Wohin läuft die Zeit? – Jahr und Monat, Tag und Stunde

ISBN 978-3-86613-245-0

Du und ich – Sich verstehen, sich vertragen

ISBN 978-3-89858-246-9

Wie viel ist viel? Zählen, wiegen, messen

ISBN 978-3-86613-247-4

Fremde Länder, gute Freunde

ISBN 978-3-86613-273-3

Was mein Körper alles kann

ISBN 978-3-89858-272-8

Wer ist wie? – So sind Mädchen – so sind Jungen

ISBN 978-3-89858-284-1

Mächtig mutig! Das Angst-weg-Buch

ISBN 978-3-86613-285-6

Mir gehts gut! Mein Gesund-und-munter-Buch

ISBN 978-3-86613-298-6

Hast du Worte? – Spielend leicht sprechen und erzählen

ISBN 978-3-86613-299-3

Ist pupsen peinlich? Das kinderleichte Benimm-Buch

ISBN 978-3-86613-510-9

Voll dabei! – Konzentration spielend leicht

ISBN 978-3-86613-511-6